AVENANT

à la Convention du 31 Août 1920

POUR LA

Concession d'une Distribution Publique

D'ÉNERGIE ÉLECTRIQUE

DANS LA

VILLE DE CASABLANCA

ses Faubourgs et Extensions

PARIS
IMPRIMERIE F. FRÈREBEAU
59, Rue de Lyon, 59

1925

RESIDENCE GÉNÉRALE
DE LA
RÉPUBLIQUE FRANÇAISE AU MAROC

AVENANT

à la Convention du 31 Août 1920

POUR LA

Concession d'une Distribution Publique
D'ÉNERGIE ÉLECTRIQUE

DANS LA

VILLE DE CASABLANCA

ses Faubourgs et Extensions

PARIS
IMPRIMERIE F. FRÈREBEAU
59, Rue de Lyon, 59
1925

AVENANT

à la Convention du 31 Août 1920

POUR LA

Concession d'une Distribution Publique d'Énergie Électrique

DANS LA

VILLE DE CASABLANCA

ses Faubourgs et Extensions

Entre :

S. Exc. le Pacha, Président de la Municipalité de Casablanca, agissant au nom et pour le compte de la Ville, sous réserve de l'approbation des présentes par dahir,

d'une part,

Et la Société Marocaine de Distribution d'Eau, de Gaz, et d'Electricité (désignée ci-après par les initiales S. M. D.), représentée par son Administrateur Délégué, M. Albert PETSCHE,

d'autre part,

Il a été exposé ce qui suit :

Par application des dispositions de l'article 20 de la convention du 31 août 1920, la Société l'Énergie Électrique du Maroc a racheté l'usine qui produisait l'énergie distribuée par la S. M. D. dans la ville de Casablanca ; elle doit désormais fournir à la S. M. D. toute l'énergie qui lui sera nécessaire et cela conformément aux dispositions d'un traité en date du 21 février 1924, intervenu entre elle et la S. M. D. et approuvé le 24 octobre par la Ville de Casablanca.

Dans ces conditions, la Ville et la S. M. D. se sont rapprochées en vue : d'une part, d'arrêter l'affectation des sommes à provenir du rachat et, d'autre part, d'établir de nouveaux tarifs, le tout conformément aux dispositions du même article 20 de la convention susvisée ; de plus, elles ont profité de la circonstance pour apporter à cette convention certaines modifications reconnues nécessaires.

En définitive, elles ont convenu et arrêté d'accord ce qui suit :

Article premier

Sur le montant des sommes devant provenir du rachat de l'usine, il sera prélevé, après remboursement de la dette flottante et des emprunts à consolider, une somme totale de trois millions de francs (3.000.000), à répartir par moitié entre la Ville de Casablanca et la S. M. D.

Article 2

Le remboursement de la somme de trois millions (3.000.000) ainsi attribuée à la Ville et à la S. M. D., en application des dispositions de l'article premier ci-dessus, entraînera l'annulation d'un montant égal de participations nominales.

En conséquence, le capital nominal constitutif de l'Entreprise Électrique sera ramené, après l'annulation de ces participations de neuf millions (9.000.000) à six millions (6.000.000) ; ce nouveau montant des participations nominales sera employé :

1º A couvrir la souscription de 740.000 francs de l'Entreprise électrique au capital de l'Énergie Électrique du Maroc ;

2° Dans une limite maximum de 800.000 francs à faire face aux approvisionnements et au fonds de roulement ;

3° A couvrir les dépenses de premier établissement proprement dit.

Article 3

Les tarifs basse tension fixés aux articles 20 et 21 du cahier des charges annexé à la convention de concession en date du 31 août 1920, seront remplacés par les suivants à partir du 1er décembre 1921 ; les nouveaux tarifs basse tension pourront être ultérieurement revisés dans les conditions prévues à l'article 21 ci-après modifié de la convention susvisée.

DÉSIGNATION	Tarifs de base	Index salaire par % du salaire de base	Index charbon par franc de variation du prix de base du charbon	OBSERVATIONS
	Par kwh.	Par kwh.	Par kwh.	
Eclairage privé........	1,10	0,002	0,0023	
Eclairage public.......	0,81	0,001	0,0020	
Eclairage administrat.	1,12	0,002	0,0023	
Force-particuliers	0,78	0,001	0,0018	
Force-administration..	0,60	0,001	0,0018	
VENTE A FORFAIT	Par mois	Par mois	Par mois	
10 bougies	3,50	0,0045	0,0050	
16 bougies	4,90	0,0063	0,0090	
25 bougies	7,00	0,009	0,013	
32 bougies	8,60	0,0111	0,016	
50 bougies	12,60	0,0162	0,0210	

Les tarifs haute tension seront débattus entre la S. M. D. et les abonnés, mais ils ne devront pas dépasser les 4/5 des tarifs « Force » en vigueur, étant entendu que les Phosphates chérifiens et les services du port, tant construction qu'exploitation, auront la faculté de demander le bénéfice des tarifs « Administration ».

Les tarifs de base portés au tableau ci-dessus s'entendent pour une situation économique définie :

1º Par le salaire horaire moyen de la distribution « Electricité-Casablanca » pendant l'année 1924 ;

2º Par un prix de 170 francs pour la tonne de charbon.

Les tarifs à appliquer pour un semestre déterminé seront calculés au début du même semestre en appliquant les coefficients d'index salaires et d'index charbon portés au tableau ci-dessus :

1º D'après le salaire horaire moyen de la distribution « Electricité-Casablanca » pendant le semestre écoulé, tel que ce salaire aura été arrêté au début du nouveau semestre par la Direction générale des travaux publics ;

2º D'après le prix des charbons reçus par l'Energie électrique du Maroc pendant le semestre écoulé, tel que ce prix aura été fixé par la Direction générale des travaux publics, en conformité des dispositions de l'article 17 du cahier des charges, en date du 9 mai 1923, de la concession de l'Energie électrique du Maroc.

Les tarifs appliqués à partir du 1er décembre 1924 jusqu'au 30 juin 1925 seront les tarifs inscrits dans le tableau ci-dessus sous la rubrique « Tarifs de base ».

Article 4

L'article 13 de la convention de concession en date du 31 août 1920, est modifié comme suit :

Dans le 6º et le 7º de la nomenclature des dépenses, remplacer les mots « Kwh. produits » par les mots « Kwh. produits ou achetés par l'Entreprise ».

Article 5

L'article 14 de la convention de concession en date du 31 août 1920 est remplacé par le suivant :

« Sur ce solde disponible, la S. M. D. prélèvera avant « tout partage :

« 1º Une somme de deux cent mille francs (200.000 fr.) ;

« 2º Une prime par kwh. vendu en haute tension pendant « l'année écoulée qui sera de : deux centimes (0,02) pour

« chaque kwh. jusqu'à 10 (dix) millions de kwh, et de
« un centime (0,01) pour chacun des kwh. au delà de 10
« (dix) millions de kwh., étant entendu que cette prime
« ne s'appliquera pas aux fournitures actuellement faites
« par la S. M. D. en haute tension au tarif « Force Adminis-
« tration » tant que lesdites fournitures seront faites à ce
« dernier tarif.

« Le surplus sera réparti comme suit :

« a) Dividende de six pour cent (6%) aux participations
« nominales (parts actives et parts de jouissance) ;

« b) A la Ville une attribution de vingt pour cent (20%)
« du reliquat ;

« c) Le solde (S) sera réparti uniformément entre les
« parts nominales. »

Article 6

L'article 21 de la convention de concession en date du
31 août 1920 est complété par les dispositions suivantes :

« Les nouveaux tarifs seront calculés de manière que,
« si on les supposait appliqués à la situation de la dernière
« année écoulée, ils ramèneraient aux chiffres ci-après, la
« moyenne, pendant les trois dernières années écoulées du
« solde (S) visé au dernier alinéa de l'article 5 ci-dessus
« qui aura été attribué aux participations :

« Pour la partie de cette moyenne inférieure à 4% des
« participations nominales pendant la dernière année écoulée :
« 50% de cette partie ;

« Pour la partie de cette moyenne comprise entre 4% et
« 8% des mêmes participations : 40% de cette partie ;

« Pour la partie de cette moyenne comprise entre 8% et
« 12% des mêmes participations : 33% de cette partie ;

« Pour la partie de cette moyenne comprise entre 12% et
« 16% des mêmes participations : 25% de cette partie ;

« Pour la partie de cette moyenne comprise entre 16%
« et 20% des mêmes participations : 18% de cette partie ;

« Pour la partie de cette moyenne au delà de 20%, 10%
« de cette partie ;

« De toutes façons, les nouveaux tarifs seront calculés
« sur un dividende d'au moins 6%.

« Exceptionnellement, la première révision pourra être
« demandée le 1er janvier 1927, étant entendu que, dans
« ce cas, la moyenne à considérer pour le calcul du solde (S)
« sera celle des années 1925 et 1926. De plus, dans ce cas,
« les nouveaux tarifs qui en résulteront seront appliqués
« à partir du 1er janvier 1928. La révision suivante pourra
« être demandée le 1er janvier 1930 ; dans ce cas, la moyenne
« à considérer pour le calcul du solde (S) sera celle des années
« 1927, 1928 et 1929, et les nouveaux tarifs qui résulteront
« de la révision seront appliqués à partir du 1er janvier 1931 ;
« et ainsi de suite par périodes de trois ans. »

ARTICLE 7

Les articles 16, 17 et 19 de la convention de concession
du 31 août 1920 sont modifiés comme suit :

Article 16. — Le dernier paragraphe est complété par les
mots suivants :

« ...ainsi que pour investir dans l' « Entreprise », soit à
« titre provisoire, soit à titre définitif, une partie des sommes
« mises en réserve pour le renouvellement du matériel. »

Article 17. — *a)* Le deuxième paragraphe est remplacé par
le suivant :

« 1º La Ville de Casablanca entrera gratuitement en posses-
« sion des installations figurant au compte de premier établis-
« sement et de la partie du fonds de renouvellement non
« investie dans l' « Entreprise » ;

b) Le quatrième paragraphe est remplacé par le suivant :

« 2º Si le montant total des postes figurant au compte
« de premier établissement est inférieur au montant total
« du capital nominal actif ou amorti (participations, plus
« obligations, plus emprunts à consolider) et de la partie
« du fonds de renouvellement investie dans l'Entreprise,

« là différence reviendra gratuitement à la Ville, soit en
« espèces, soit sous forme d'approvisionnement évalués aux
« prix d'inventaires. »

Article 19. — Remplacer les mots « kilowatt heures H. T.
à la sortie de l'usine » par les mots « kilowatt heures H. T.
à la sortie de l'usine ou achetés ».

ARTICLE 8

L'article 25 du cahier des charges annexé à la convention
de concession en date du 31 août 1920 est complété par l'alinéa
suivant :

« Indépendamment des redevances ci-dessus, il sera perçu
« sur chaque abonné branché sur colonne montante, une
« redevance mensuelle de 0 fr. 30 pour vérification du branche-
« ment avant compteur, surveillance et remplacement des
« plombs situés dans le coffret de branchement correspon-
« dant. »

ARTICLE 9

L'excédent des recettes perçu par la S. M. D. du fait de
l'application pendant la période 1er septembre 1924-30 no-
vembre 1924 de tarifs plus élevés que ceux résultant
des dispositions de l'article 3 ci-dessus, devra être déduit,
par la S. M. D. des recettes du compte d'exploitation de
l'Entreprise Électrique pour l'année 1924 ; cet excédent
sera mis à la disposition de la Ville en vue de l'amélioration
de l'éclairage électrique.

ARTICLE 10

Toutes les autres clauses de la convention de concession
du 31 août 1920 et du cahier des charges annexé à ladite
convention, auxquelles il n'est pas explicitement dérogé
par les présentes, sont expressément maintenues en vigueur.

ARTICLE 11

Sous réserve de l'approbation du Grand Vizir le présent avenant prendra effet du 1er septembre 1924.

Fait en trois exemplaires, à Paris, le 26 mars 1925, et à Casablanca, le 25 avril 1925.

Lu et approuvé :
P. la Société Marocaine de Distribution d'eau, de gaz et d'électricité,
L'Administrateur Délégué,
A. PETSCHE.

Lu et approuvé :
Le Pacha,
SI MOHAMED BEN ABDELHOUAD.

Dahir approbatif du 30 Avril 1925 paru au *Bulletin Officiel* du Protectorat du 19 Mai 1925.